DE SALARIO MÍNIMO A MILLONARIO

Luis Miguel Bedoya Gomez

978-958-46-8478-3

Contenido

Prologo

Marco era un muchacho como cualquier otro nació y creció en el barrio el Amparo de Soacha. Cuando su madre doña Monica estaba embarazada de Marco su padre los abandonó, es por eso que Marco nunca supo nada acerca de aquel maestro de obra adicto a las maquinitas; aunque, para ser justos. A estas alturas de su vida esto ya no le importaba.

Marco acababa de cumplir 20 años y se preguntaba qué haría con su vida ya que a pesar de su edad apenas se había graduado del colegio. En el cual por cierto, nunca había sido un gran estudiante y de hecho, se había tirado 3 años sin que su madre doña Monica pudiese hacer nada para que este tuviese mejor desempeño. En fin, esta incertidumbre hacia su futuro lo hacía imaginarse una vida diferente en la cual su madre no tuviese que seguir trabajando de sol a sol limpiando casas ajenas en el norte de Bogotá y pudiese descansar, como Marco consideraba que se lo merecía.

La mejor alternativa que cruzaba la mente de Marco era la universidad, pero lastimosamente, debido a su condición económica y a su mal desempeño tanto en el colegio como en las pruebas saber pro hacían que esta fuese cada vez más una utopía. Marco anhelaba cumplir su meta de una vida mejor para él y su mamá esa mujer que le había dado todo.

Después de ver que no tenía ninguna otra opción disponible, Marco "decidió" que debería trabajar y buscar la manera de ser rico trabajando. Entraba nuevamente la incógnita, ¿En qué podría trabajar si no tenía experiencia? ¿Qué podría hacer si no tenía contactos? Marco decidió que se aventuraría, iría a buscar su sustento en el distrito financiero de la ciudad. Después de tomar su decisión Marco se dirigió a la estación de transmilenio más cercana a su hogar ese día al igual que todos los lunes la estación Patio Bonito estaba a reventar y eso que ya eran las 7 am por lo tanto el flujo de pasajeros había rebajado de manera considerable. Después de un viaje de una hora y media en transmilenio y varios transbordos, finalmente arribó a la estación las flores, todo se veía muy diferente del lugar del cual partió inicialmente ya no se veían las pequeñas casas en obra negra y obra gris, ahora estaba en un lugar con grandes rascacielos y gente vestida elegantemente. Hombres de traje y mujeres con finos vestidos.

Al llegar allí empezó la ardua tarea de buscar un empleo en la ciudad más grande de Colombia, la ciudad de las oportunidades, mismas que se demoraron bastante en llegar, para ser más exactos 35 días en los cuales Marco iba cada día al mismo sector de la ciudad a buscar su tan anhelada oportunidad. 35 días en los que su madre doña Mónica como pudo le prestó $350.000 pesos ya que Marco se iba cada día con $10.000 para poderse mover a diferentes partes y ampliar sus posibilidades. Pero fue en ese magnífico día 35 en el cual doña Nelcy le ofreció una vacante para la cocina de su restaurante se dedicaría a cocinar los famosos corrientazos de $6.000 y cambio de esto recibiría una paga mensual correspondiente al salario mínimo $689.455 y en caso de querer comer en el restaurante su almuerzo le costaría únicamente $4.000.

Marco estaba maravillado, esos $689.455 sería su puerta de ingreso a una nueva vida. ¿Cómo lo haría? Aún no lo sabía. ¿Cuánto se tardaría? Era una pregunta aún más difícil de responder pero sentía que el mundo cambiaba y que el mundo le sonreiría al él y a su viejita, a la buena Doña Monica, a quién Marco no quería ver trabajar duro nunca más. Ese día llegó Marco después de su primer día de trabajo y su ya acostumbrado tour a la ciudad en transmilenio a su casa donde su madre lo esperaba con una rica comida, la preferida de Marco, pues celebraban la nueva contratación de Marco y su entrada al mundo laboral.

Todo empezó ese día.

El buen Marco y su insomnio compartieron una larga noche, en vez de dormir soñaba despierto lo que haría con su dinero, todas las cosas bonitas que se compraría y cómo al fin, podría ayudar a que su mamá descansara. El único inconveniente es que no era más que un salario mínimo. Y aunque su meta, estaba muchísimo más cerca el no podía de imaginar lo lejos que aún se encontraba. Cuando por fin le dio sueño y podía empezar a dormir escuchó el peor ruido posible. Ese que por tantos años lo había atormentado, era su despertador. Eran las 5 de la mañana por lo cual marco únicamente contaba con 30 minutos para alistarse y correr hacia la estación de patio bonito para asegurarse de estar en su nuevo y flamante trabajo a las 7 am. Este era otro día en el cual la deuda con su madre no hacía más que aumentar ya eran $360.000.

Al llegar al local encontró que este se encontraba muy desordenado por la clientela del día anterior y se dispuso a organizarlo con doña Nelcy, entre los dos barrieron, trapearon, limpiaron mesas y sillas, todo quedó listo para recibir el nuevo batallón el día de hoy en el cual a medio día cientos de hombres y mujeres trabajadores del sector vendrían por su popular corrientazo. Durante el tiempo que Marco y doña Nelcy organizaban y limpiaban el sitio fueron conversando un poco más el uno con el otro acerca de sus vidas. Doña Nelcy, por ejemplo, le contó a Marco que ella había sido mesera en otro restaurante pero gracias a su disciplina de ahorro y dedicación ya era dueña de su propio local. Esto entusiasmo demasiado a Marco. Inevitablemente Marco volvió a preguntar acera de su pago ya que aún se sentía irreal que ganaría más de medio millón de pesos. Doña Nelcy le confirmó que esa sería su paga, que trabajaría todos los días menos los domingos y que le pagarían todos los 30 del mes. Algo que le calló a Marco como un balde de agua fría, ya que apenas, era el día 1 por lo tanto debería solicitar otros $300.000 prestados. Marco sentía que ya debía todo su sueldo no había ganado un solo día pero ya debía muchos de ellos. Doña Nelcy vio la preocupación en el rostro de Marco y le explicó que esa es una situación normal, que así como a él le sucede a todos los colombianos que inician su primer empleo, decía, ya tienen su sueldo empeñado. No obstante consoló a Marco diciéndole que lo más importante no es desde que punto económico se inicia sino hasta dónde quiere llegar y que sepa siempre que las deudas deben ser honradas y que honrar una deuda significa que esta debe ser pagada por lo tanto quien paga lo que debe sabe lo que tiene.

A pesar de no sentirse ya tan contento con la situación, Marco escuchó atentamente las palabras de doña Nelcy y al ser esta la primera persona con negocio propio que Marco conocía sentía que sus palabras le podrían ayudar mucho.

Después de un agitado día en el trabajo en el cual Marco y doña Nelcy tuvieron que servir casi 100 almuerzos y después de su largo pero ya acostumbrado viaje en transmilenio. Marco llegó a su casa donde su madre lo esperaba para que le contara todas sus historias. Este le contó absolutamente todo lo acontecido, incluso, la conversación con doña Nelcy a lo que su madre no tuvo más que asentir con la cabeza y decir que ella tenía toda la razón. Doña Mónica le repitió lo importante que es pagar todo lo que se debe y tener la cabeza a donde se quiere estar, y que para esto era muy importante siempre ahorrar. Acto seguido le entregaba un tarro de mayonesa grande el cual había lavado para que su hijo metiese allí todos sus ahorros mientras decidía qué quería hacer con ellos. En qué los quería gastar.

Con tanta información en su cabeza Marco no se quiso preocupar más y decidió ir a jugar micro futbol con sus amigos del colegio y así lo hizo hasta casi las 10 de la noche hora en que se fue a descansar ya que otro día agitado lo esperaba a la salida del sol.

Así pues, pasaron los largos y agitados 29 días adicionales hasta su fecha de pago días en los cuales la deuda con su madre no hizo más que aumentar a $660.000 pesos, ese medio millón que tanto lo había ilusionado ahora únicamente llegaba para atormentarlo. Con sus $689.450 en el bolsillo pues obviamente no había como pagarle los $5 que faltaban Marco pensaba como iba a hacer para pagarle a su madre y vivir este mes por más que pensaba no veía como lo lograría. Nuevamente doña Nelcy al verlo preocupado se acercó a este y le preguntó qué era lo que lo tenía preocupado. Después de una breve explicación de la situación por parte de Marco ella le dijo que lo más importante es tener claridad de adonde se están yendo los pesos.es decir, saber en que estas gastando tu dinero y que en caso de no poder responder completamente con una deuda no hay mejor solución que hablar de frente con quien le prestó y llegar a una solución en conjunto. Le recordó una frase que su padre siempre le día a ella "es mejor un mal lapicero que una buena memoria" es decir todo hay que escribirlo ya que así no se borrará ni se perderá y siempre se podrá venir a consultar después. Doña Nelcy, también le dijo a Marco que es importante que parte del dinero que se gana, no importa si es mucho o poco se debe destinar al ocio y diversión pero que debe ser una parte medible ya que el no hacerlo así generará despilfarro y nunca se podrá tener "nada".

Al llegar a su casa esa noche, después de la acostumbrada cena y charla con su madre, Marco se dispuso, nuevamente, a seguir los consejos de doña Nelcy. En este caso apuntaría con papel y lápiz todos los gastos económicos que tenía en su vida con el fin de saber claramente hacia donde iba su dinero. Inicialmente Marco escribió las cosas que él consideraba gastos fijos, caracterizándose por siempre pensar primero en su mamá, el primer gasto que apuntó era un dinero para ayudarle a su mamá con los quehaceres de la casa. Eligió dar $150.000 mensuales los cuales él sabía que harían muy feliz a su madre y también a él al verla feliz. Acto seguido recordó su largos recorridos en transmilenio los cuales debía hacer 2 veces diarias durante 26 días al mes ya que no trabajaba los 4 domingos que tenía cada mes. Por lo tanto el siguiente gasto que eligió escribir fue el transporte $2000(costo del pasaje)*26(Días al mes)*2(veces al día) en total de acuerdo a sus cuentas Marco debía destinar $104.000 mensuales para llegar a su sitio de trabajo. Al nunca haber hecho cuentas antes, Marco notó la gran cantidad de dinero que se le va mensualmente en transporte y quedó sorprendido ya que no imaginaba que fuese tanto. Nuevamente recordó que todos los días debía almorzar fuera de su casa, ya que el desayuno y la cena los llevaría desde la misma, al ya tener el precio convenido con doña Nelcy nuevamente hizo cuentas de cuanto debería guardar mensual y sus cuentas fueron las siguientes $4000 (Precio del almuerzo)*26(Días al mes) ósea que en almuerzo también gastaría la cantidad de $104.000 para su alimentación mensual. Haciendo caso a las palabras de doña Nelcy, Marco destinó $75.000 mensuales para ocio principalmente ir al estadio ya que no era un hombre muy rumbero.

Finalmente la lista de gastos de Marco quedó así.

Nombre	Plata
Ayuda casa	$ 150.000,00
Pasajes Tm	$ 104.000,00
Almuerzos	$ 104.000,00
Estadio	$ 75.000,00
Total	$ 433.000,00

1Gastos Marco

Marco notó que había, aún, una gran cantidad de dinero que le quedaría disponible ya que el ganaba $689.455 y se gastaría $433.000 por lo que aún le quedarían mensualmente $ 256.455 lo que haría inicialmente con este dinero sería pagarle a su mamá la deuda que tenía por el tiempo buscando trabajo y por el primer mes de empleo sin paga en total la deuda con su mamá era de $660.000 por lo tanto, era obvio no le alcanzaría para pagarlo con su primer sueldo, ni siquiera con el segundo. Marco dividió la deuda en la cantidad de dinero que le quedaba adicional para ver cuánto tiempo debería pedirle a su madre para poder cancelarle todo el dinero prestado.

$$Tiempo = \$660.000 \div \$256.000 = 2.5 \; meses$$

De acuerdo a sus cuentas Marco se demoraría dos salarios y medio en pagarle a su mamá en caso de que le entregará todo el dinero. Solo tenía dos interrogantes ¿Su mamá esperaría tanto? ¿Se debía pagar toda la deuda antes de empezar a guardar plata para él? Con estas inquietudes en su cabeza Marco se acostó a dormir, sabía que la única persona que le podría ayudar era doña Nelcy a quién Marco veía como un ejemplo a seguir. Muy temprano en la mañana ya en el restaurante, Marco le planteo estas dos inquietudes a doña Nelcy en busca de su ya acostumbrado consejo. Esta le respondió que al igual que le había dicho el día anterior cuando uno tuviese una deuda que consideraba impagable en los plazos o montos establecidos lo mejor siempre sería hablar de frente con su prestamista y tratar de llegar a un acuerdo de pagos real. El prestamista nunca va a querer perder el dinero entonces si se ve intención de pago esta es bien recibida. Este consejo, decía doña Nelcy, aplicaba a bancos, natilleras, personas, gota a gota a todo el mundo solo que con cada uno la negociación sería diferente. Ante la segunda inquietud, doña Nelcy le respondió a Marco de dos maneras. Primero, le dijo un viejo refrán "el que paga lo que debe sabe lo que tiene" es decir que sí lo primero que se debe hacer es pagar las deudas ya que esa plata aunque estuviese en el bolsillo de Marco no sería de él sino de su madre a quién este le debía. Segundo, le aconsejo nunca más adquirir deudas en caso que fuera estrictamente necesario o que lo ayudara a crecer en algún negocio. Le dijo a Marco que en la biblia dice que quien debe será esclavo de quien presta, con esto le quiso decir que las deudas nos atan y vuelven esclavos por lo tanto lo mejor es nunca más tenerlas.

Ese día en la noche, durante la cena con doña Monica, Marco le contó a su madre que le habían pagado el día anterior y le entregó los $150.000 con los que le ayudaría mensualmente y le dijo que con ellos contaría cada mes. Doña Mónica estaba feliz y le dio un fuerte abrazo a su hijo era una madre Orgullosa. Adicionalmente Marco le entregó los primeros

$256.000 para pagarle la deuda y le pidió que por favor lo esperara dos meses más ya que antes no le alcanzaría. Doña Monica no quiso recibirle el dinero a Marco y le dijo que esto era un regalo. A lo que Marco respondió que debía recibirlos que él ya era un adulto y que él debía cumplir con sus obligaciones, entonces sólo así, a regañadientes doña Mónica los recibió y aceptó esperar hasta el tercer mes para que la deuda fuese liquidada. Esa noche el tarro de Mayonesa improvisado a modo de alcancía seguiría vacío.

Al día siguiente nuevamente en el trabajo un Marco menos preocupado habló con doña Nelcy y le contó cómo había manejado esta situación con su madre a lo que esta asintió positivamente con su cabeza ya que también le había cogido aprecio al joven Marco. Pasó un mes adicional y la deuda de Marco con su madre había bajado ya desde $660.000 hasta $148.000 Marco estaba feliz, veía a la vuelta de la esquina la liquidación total de esa deuda y por fin el tarro de mayonesa recibiría sus primeros ahorros. Y así fue con la paga de su tercer mes, Marco le pagó esos últimos $148.000 pesos a su madre y esta lo invitó a comer helado para celebrar la ocasión en que su hijo estaba libre de deudas. Más tarde, esa noche, Marco metió los primeros $108.000 en su tarro de mayonesa. Todo había cambiado, la época del endeudamiento se había acabado. La época del ahorro había empezado.

Así pues lo hizo Marco, cumplió su segundo mes en la época del ahorro su tarro de mayonesa ya contaba con $364.000 para su tercer mes su ahorro por fin había pasado del medio millón de pesos tenía en total $620.000 y en su cuarto mes ascendía a $876.000. Marco estaba extasiado de ver cuánto dinero había ahorrado y quiso contárselo a doña Nelcy quien lo felicitó por su disciplina pero también le explicó que el dinero debe ser usado como una herramienta para hacer aún más dinero y que la única manera de hacer crecer su dinero era invirtiéndolo de manera que este creciera en más dinero. Este era un concepto nuevo para Marco, nunca había escuchado la palabra inversión entonces doña Nelcy le explicó un poco más. Le dijo que se trataba de emplear dinero en algún proyecto para obtener ganancia de este dinero. Le dijo además que se puede invertir en negocios, en activos financieros y activos no financieros. Los negocios es por decir comprar una tienda y administrarla para ganar más dinero, los activos financieros sería como comprar bonos de un banco o invertir en CDT's y por otro lado los activos no financieros serían casas, taxis y demás cosas por el estilo. De todas estas ideas la que más le gustó a Marco fue la posibilidad de invertir en casas, a lo que doña Nelcy le explicó, que estas inversiones llamadas bienes raíces son unas de las más seguras y ofrecen buena rentabilidad. Solo había un problema, Marco necesitaría mucho más dinero para optar por esta alternativa ya que siempre hay que dar al menos el 30% del valor en lo que se va a invertir para poder adquirirlo. La idea de un negocio propio aunque le parecía interesante no llamaba tanto la atención de Marco ya que esta requeriría demasiada atención y tiempo de su parte. Doña Nelcy al verlo en tal dilema le contó que junto con su familia tenían una natillera en la cual 10 personas miembros de la familia de doña Nelcy ahorraban $200.000 mensuales cada uno los cuales se usaban para prestar y al final de año al recoger todas las ganancias se repartían en partes iguales que no habría ningún problema en que el fuera el número 11 si es que estaba interesado. Sin dudarlo ni un segundo Marco le dijo a doña Nelcy que se encontraba interesado pero ya habían transcurrido 7 meses ósea que ya estaba atrasado en $1.400.000 Doña Nelcy le dijo que colocara lo que pudiese de entrada y que al final cuando la natillera dividiera sus utilidades lo harían proporcional es decir a él le tocaría menos que a los demás pero en relación a lo que él hubiese dado. Así fue que al día siguiente Marco le llevó $800.000 pesos a doña Nelcy para invertir en la natillera y dejó únicamente $76.000 en su tarro de mayonesa el cual ahora nuevamente se veía vacío. Nuevamente había iniciado una época, esta vez la época de la inversión donde Marco ya no solo ganaría y guardaría su dinero, sino que su dinero ganaría más dinero para él. Marco tuvo que anotar nuevamente sus gastos con papel y lápiz ya que estos habían cambiado.

Nombre	Plata
Ayuda Casa	$ 150.000,00
Pasajes Tm	$ 104.000,00
Almuezos	$ 104.000,00
Estadio	$ 75.000,00
Natillera	$ 200.000,00
Mayonesa	$ 56.000,00
Total	**$ 689.000,00**

2 Nuevos Gastos Marco

Pasaron así los 5 meses faltantes de ese año y llegó el mes de diciembre y algunas de las cuentas de marco ya habían cambiado en la natillera ya había guardado $800.000 pesos que dio al inicio más $1'000.000 que correspondían a los $200.000 de los últimos 5 meses es decir ya había "invertido" $1'800.000 estaba orgulloso.

Por otro lado su tarro de mayonesa también se veía más lleno nuevamente ya que había quedado con $76.000 (después de haber sacado los $800.000 para la natillera y adicionalmente tenía $280.000 de los 5 meses en los cuales había guardado $56.000 mensuales. En total en su tarro de mayonesa contaba con $356.000 dinero con el que había decidido comprar ropa en san Victorino para él y su mamá y tener una buena cena navideña entre los dos. Nuevamente su mamá estaba feliz.

El día 27 de diciembre se reuniría por última vez la natillera para la rendición de cuentas y la entrega de dinero a cada uno de los ahorradores. Doña Nelcy quien era la líder de la natillera empezó a hacer cuentas inicialmente les mostró cuánto había ahorrado cada uno y que porcentaje representaría esto de lo ahorrado por todos.

Nombre	Cuotas	Valor Cuota	Total	Porcentaje
Nelcy	12	$ 200.000,00	$ 2.400.000,00	9%
Clara	12	$ 200.000,00	$ 2.400.000,00	9%
Ines	12	$ 200.000,00	$ 2.400.000,00	9%
Pedro	12	$ 200.000,00	$ 2.400.000,00	9%
Marco	9	$ 200.000,00	$ 1.800.000,00	7%
Mario	12	$ 200.000,00	$ 2.400.000,00	9%
Andres	12	$ 200.000,00	$ 2.400.000,00	9%
Sandra	12	$ 200.000,00	$ 2.400.000,00	9%
Susana	12	$ 200.000,00	$ 2.400.000,00	9%
Javier	12	$ 200.000,00	$ 2.400.000,00	9%
Fredy	12	$ 200.000,00	$ 2.400.000,00	9%
TOTAL			$ 25.800.000,00	

En total se habían recogido de ahorro más de 25 millones de los cuales el 7% correspondía a lo invertido por Marco. Pero había una cifra mucho más interesante que todos estaban esperando escuchar, y esa cifra era saber cuánta plata había ahora disponible para repartir entre todos los ahorradores de la natillera. Doña Nelcy les informó que gracias a las rifas, préstamos y paseos que la natillera había realizado durante ese año, el total de la plata recogida ascendía a $37'589.000 es decir un 46% más que la cantidad inicial, este caso a Marco le corresponderían $2'631.230 y a demás ahorradores les corresponderían $3'383.010 doña Nelcy le informó a todos que les haría transferencia bancaria de la cuenta de ahorros de la natillera a la cuenta que tuviese cada uno. Le solicitó a Marco su número de cuenta a lo que este dijo que no contaba con una que si podía entregarle su dinero en efectivo.

Doña Nelcy le dijo que eso si era posible pero le aconsejó, además, que abriera una cuenta bancaria ya que no es prudente tener grandes cantidades de efectivo con uno ni en su casa porque algunos maleantes se podrían aprovechar de la situación y dejar a Marco sin nada. Ella le dijo que mejor esperara hasta enero cuando los bancos volviesen a trabajar y abriera una cuenta que después que esta estuviese abierta ella le transferiría su dinero sin problema.

Así pues un nuevo año empezó y Marco se dirigió al banco más cercano para abrir su cuenta, a pesar de no saber mucho, las condiciones ofrecidas le parecieron buenas. Necesitaba consignar $50.000 para poderla abrir, tendría una tarjeta de cajero y podría retirar dinero 6 veces al mes sin que le cobraran nada. Aunque marco temía a esto último él quería que su plata estuviera tan segura como lo estuvo en la natillera, que ni el mismo la pudiese sacar. Al día siguiente, en el restaurante, Marco le dijo a doña Nelcy que ya había abierto su cuenta bancaria pero que le preocupaba gastarse el dinero ya que tendría fácil acceso a él. Doña Nelcy sabía que Marco era un joven muy organizado en asuntos y financieros y que este no dispondría del dinero para despilfarrarlo pero aun así le ofreció una opción para tranquilidad de Marco.

Doña Nelcy le contó acerca de los CDT que es un mecanismo en el cual el ahorrador es quien le presta dinero al banco y estelo usa para prestarlo a quienes lo requieran. Es una alternativa para tener tu dinero custodiado pero, lastimosamente, el dinero no tendrá un crecimiento similar al de algunos otros negocios. Aunque no sonaba tan bonito que su dinero no creciera mucho, Marco se dirigió nuevamente a que le explicaran como podría invertir su dinero en el CDT y cuanto tendría a final de año pues su idea era aumentar su dinero tanto en el CDT como nuevamente en la natillera de doña Nelcy.

La asesora del banco realizó algunos cálculos en su computadora y le dijo a Marco que por su inversión de $ 2'631.230 a una tasa nominal del 3,5% al final del año tendría unas utilidades de $89.658 Marco no había entendido nada solo que al final del año únicamente tendría $2'720.888, muy poca ganancia, la chica del banco al ver la cara de decepción de Marco le preguntó que este por qué quería invertir su plata en un CDT este le explicó que era solo para que él no se la pudiera gastar durante todo el año pero que pensaba ganar mucho más, recordando la natillera. Ella le dijo que a parte que acá su dinero estaría seguro y no se lo guardaría también haría un nombre y podría adquirir un crédito más fácil si así lo quisiera ya fuese para inversión u ocio. Aunque en ese momento no le sonaba mucho la idea Marco accedió a dejar su dinero en el CDT.

Segundo año del resto de su vida.

Ya transcurrían mediados de enero del segundo año de este camino que Marco había decidido recorrer, durante el primer año aprendió demasiadas cosas que no sabía que podían existir y todo de la mano de doña Nelcy. Él tenía ya en su CDT su dinero ahorrado e invertido del año anterior, el futuro se notaba esperanzador Marco quería que este futuro llegara ya mismo. Solo debía planear su estrategia para este segundo año entonces nuevamente Marco se refirió a su cuadro de gastos para hacer algunas modificaciones ya que durante el mes de diciembre se había hecho novio de Natalia y ahora sus $75.000 para ir al estadio no eran suficientes para poder disfrutar bastante con ella.

Nombre	Plata
Ayuda Casa	$ 150.000,00
Pasajes Tm	$ 104.000,00
Almuezos	$ 104.000,00
Novia	$ 100.000,00
Natillera	$ 200.000,00
Banco	$ 31.000,00
Total	**$ 689.000,00**

4 Gastos Marco segundo año

Esta vez el tarro de mayonesa había desaparecido, se dedicaría a guardar en su nueva cuenta del banco. Tendría $100.000 para compartir con su novia y estaría juicioso dando los 12 meses completos de la natillera. Y así pues inició con toda este nuevo año. Marco como siempre realizaba sus largos, pero ya acostumbrados viajes de ida y regreso a su trabajo donde laboraba arduamente con el fin de seguir ahorrando e invirtiendo para llegar a donde quería. Algo más había cambiado, al llegar a casa no solo cenaba con su madre sino también con Natalia los tres habían hecho equipo.

Doña Nelcy como siempre lo seguía apoyando con consejos y no solo en lo económico sino en su vida diaria, esta ya veía a

Marco como un hijo. Los paseos de la natillera eran un excusa más para que doña Mónica se encontrara con doña Nelcy y le agradeciera por todo lo que había ayudado a Marco. Este año transcurrió de la manera más calmada posible entre transmilenio, el Campin, paseos y ventas de boletas. Nuevamente llegó diciembre mes anhelado por Marco ya que vería nuevamente su dinero en sus manos tanto la de la natillera como la del CDT.

Las cuentas de Marco lo dejaron aturdido, nunca había tenido tal cantidad de dinero, se sentía que el mundo era suyo. No visualizaba que el mundo era un poco más costoso.

Cuentas Diciembre segundo año	
Nombre	Plata
CDT	$ 2.720.888,00
Natillera	$ 3.383.010,00
Banco	$ 372.000,00
Total	$ 6.475.898,00

5 Cuentas diciembre segundo año

Al ver estas cuentas Marco dispuso de $500.000 para darse regalos para él, su madre y su novia en diciembre. Pues se lo merecían, el por su disciplina y ellas por tanto amor que le habían brindado. Después de este lujo las cuentas de Marco quedaron con $ 5'975.898. En enero miraría que haría con ese dinero.

Así llegó el año número tres.

Llegó enero y con él la vuelta al trabajo y a poder hablar con su mentora doña Nelcy, marco le comentó que ya tenía $ 5.975.898 en su poder pero que el quería que su dinero creciera más rápido ya que si los volviese a meter al CDT al final del año sólo habría ganado $203.000, si Marco ya había ido al banco a mirar la posibilidad, doña Nelcy le recordó que la mejor manera de hacer crecer el dinero es con un negocio o haciendo algunas inversiones. Fue así que Marco volvió a aquella época en que doña Nelcy le había hablado de los bienes raíces y que a él tanto le habían interesado pero que no había podido adquirir por que no le alcanzaba el dinero. Doña Nelcy le dijo a Marco que por lo general uno debe conseguir el 30% del valor de la propiedad a adquirir y si tenía buen nombre con el banco este le prestaría el 70% faltante, Marco supo inmediatamente que este era el camino a seguir pues también tenía buena relación con el banco al ser dueño de una cuenta de ahorros y de un CDT. Fue así que durante este inicio de año, el tercero del camino de Marco este decidió continuar con los gastos del año anterior, invirtiendo en la natillera, en su casa y en su novia y dejando $31.000 en el banco acompañando los $ 5'975.898 hasta que encontrara en qué invertirlos.

La búsqueda fue larga Marco, acompañado de Natalia y doña Mónica, buscaba propiedades prácticamente por todo Bogotá las cuales este pudiese adquirir con el fin de sacarles una utilidad. Iban de arriba abajo y de abajo arriba buscando y buscando hasta que por fin casi 2 meses después de búsqueda encontraron una propiedad en el barrio ramajal era una casa pequeña pero bonita por la cual su dueña pedía desesperadamente 18 millones de pesos pues se iba a ir a vivir a otra ciudad con sus hijas y de nada les serviría tener una casa en Bogotá. Marco quedó enamorado de la casa, su precio era justo pero no le dejaba ganancia ya que no la podría vender en más de eso. Aprovechando el afán de la señora, Marco le hizo una propuesta de 12 M la cual fue rápidamente rechazada por la señora quien le dijo que lo menos que recibiría por ella serían 15 M. Marco cerró el trato y se dispuso a ir al banco por su crédito para pagar la totalidad de la propiedad y así poder empezarla a vender a los 18 M originales solo que él no tendría tanto afán como la señora.

Marco pidió un permiso a doña Nelcy en el trabajo para ir a realizar las gestiones en el banco, esta al darse cuenta de sus intenciones lo felicitó por ese nuevo paso que había dado y le dijo que lo importante era tratar que otra persona pagara la deuda o al menos la mayor parte de ella. Que si bien lo importante era vender la propiedad, si salía algún arrendador que lo recibiera, ya que este ayudaría a pagar el crédito y mantendría la casa organizada eso sí, que se fijara muy bien en quien iba a ser su arrendador ya que si le hacían daños a la propiedad tal vez perdería mucho dinero en reparaciones. Así pues en el banco le dijeron, tal como él ya sabía, que debería pagar el 30% de su bolsillo, eran $4'500.000 por lo tanto aun le quedarían en su cuenta $ 1.475.898. el banco le prestaría los $10'500.000 restantes a un crédito de 15 años con una tasa de interés de 14% lo que supondría que Marco debería pagar cuotas mensuales de $ 134.059 las cuales cubriría con el dinero que quedaba en el banco.

Después de todo el papeleo y las vueltas que tocó hacer, por fin, el primero de Marzo le entregaban a Marco las llaves de su nueva casa. Este inmediatamente colocó dos letreros en las ventanas el primero decía en grandes letras Rojas se vende, y el segundo un poco más pequeño decía se arrienda. A eso del 15 de marzo Marco recibió una llamada era un vecino de la casa el cual quería alquilarla. Después de negociar, llegaron a un acuerdo que el arriendo sería de $90.000 el mes, ósea que durante el mes de marzo le pagaría $45.000 por lo tanto para la cuota del banco a Marco solo le tocaría colocar $ 89.059,16 durante el mes de marzo y $ 44.059,16 durante los meses restantes hasta que se vendiera la casa. Venta que por cierto tampoco fue tan rápida como Marco quería ya que tardó hasta el mes de julio en concretarse la misma por un precio de $18'000.000 es decir pasaron 5 meses desde que Marco había comprado la casa hasta que pudo vender la misma. Es decir Marco había pagado más de $265.000 de su bolsillo para poder vender la casa.

Mes	Cuota
Marzo	$ 89.059,16
Abril	$ 44.059,16
Mayo	$ 44.059,16
Junio	$ 44.059,16
Julio	$ 44.059,16
Total	**$ 265.295,81**

6 Pagos Mensuales

Ósea que su cuenta de banco contaba ahora con $ 1.210.602 Después de recibir en su cuenta el dinero de la venta de la casa marco fue al banco a pagar su deuda, la cual a pesar de haber pasado 5 meses, aún era de casi los $10'500.000 iniciales. Marco había aprendido que el banco aunque era un buen aliado para apalancarse en los negocios, no era alguien para pedir dinero en caso de necesidad. Se sentía indignado por la situación pero ya nada más podía hacer. Marco adicionalmente dejó en su cuenta sus $5'400.000 que había dado como cuota inicial y los $3'000.000 que había obtenido como ganancia al negocio realizado en total ahora tenía en su cuenta $ 9.610.602 cifra cercana a los 10 millones, en menos de 3 años trabajando, nuevamente era un logro para él y se sentía orgulloso. Y adicto a estos negocios inmobiliarios,

Marco decidió hacer un negocio más antes de acabar el año. Pues veía todo lo que estos le podían ofrecer, solo que esta vez subiría un poco más la apuesta y buscaría propiedades de 30 Millones la cual se pudiese vender en 35 millones y garantizaría una ganancia de 5 Millones para él.

Esta vez la elegida fue una casa en aguas claras, el negocio sería el mismo, Marco iría al banco y colocaría una cuota inicial de $9'000.000 el banco le prestaría $21'000.000 a 15 años lo que dejaría cuotas mensuales de $269.000 para marco quien a su vez alquilaría el apartamento en $170.000 por lo que solo le tocaría pagar $100.000 de su bolsillo lo que cubriría con los $610.000 disponibles en su cuenta pero todo salió a un mejor que la primera vez, Marco encontró rápidamente un comprador y en menos de un mes ya había vendido su casa y le había regresado la plata al banco.

Ahora el balance de la cuenta de marco era mucho más grande ya que tenía sus $9'000.000 iniciales, los $5'000.000 de sus utilidades, los $510.602 que le habían quedado después de pagar tan solo una cuota y el poco dinero que había ahorrado dando los $31.000 mensuales de su cuadro de gastos.

Así pues nuevamente llegó diciembre y Marco cumplía 3 años desde que salía del colegio sin saber qué hacer con su vida era hora de hacer un recuento de lo que había sucedido en el año. Lo más importante es que Marco y Natalia se casarían en ese mismo mes de diciembre y esta se iría a vivir con él y doña Mónica. Pero en cuanto a las condiciones económicas, también mucho había cambiado, Marco ahora de 23 años quien a sus 20 no contaba con un peso ni con estudio y aún estaba en búsqueda de qué hacer con su vida ahora tenía una pequeña fortuna que venía repartida así.

Nombre	Plata
Natillera	$ 3.383.010,00
Venta 1 casa	$ 9.000.000,00
Venta 2 casa	$ 5.000.000,00
Excedente ahorro	$ 510.602,00
Ahorro $31.000 mensuales	$ 372.000,00
Total	**$ 18.265.612,00**

7 Cuentas Marco tercer año

Cuarto año el de mayor crecimiento.

Nuevamente las posibilidades eran infinitas y al igual que todos los años anteriores Marco destinó algo de dinero para los lujos navideños para él y su familia, esta vez fueron unas vacaciones a la costa la cual le costaron $2'000.000 pero donde veía a su madre Mónica y a su futura esposa más felices que nunca. Adicionalmente destinó $1'000.000 para su fiesta de matrimonio donde su madrina sería la mismísima doña Nelcy, la mujer que le había guiado durante este tiempo. Después de la boda y las vacaciones que disfrutó Marco con su familia este se dispuso como ya estaba acostumbrado a realizar su tabla de gastos para el mes de enero del año número 4 la nueva tabla le había quedado así.

Nombre	Plata
Ayuda Casa	$ 300.000,00
Pasajes Tm	$ 104.000,00
Almuezos	$ 104.000,00
Salidas	$ 150.000,00
Natillera	$ 200.000,00
Total	**$ 858.000,00**

8 Gastos Marco cuarto año

Marco aumentó al doble la ayuda en su casa, doña Mónica ya podía trabajar un poco menos, también al ser ya tres personas en el hogar marco subió a $150.000 el presupuesto para diversión, y si bien ahora estaba gastando $168.545 más que el salario mínimo que ganaba trabajando donde doña Nelcy, estos gastos adicionales los cubriría con el dinero de su cuenta por lo cual debía conservar $ 2.022.540 por los 12 meses del año. Este dinero no podría ser usado en sus negocios ya que era para cubrir los gastos fijos de su hogar. Es decir, Marco contaba con $ 13.243.072 para seguir realizando sus inversiones en bienes raíces, este año tenía propuesto realizar tres negocios más y ver hacia donde lo llevaría el mismo.

El primer negocio lo realizó como ya era su costumbre, colocando su capital como el 30% inicial y solicitando el resto al banco en créditos a 15 años. Marco se interesó esta vez por un apartamento el cual compró en $40'000.000 de los cuales $12'000.000 eran suyo y el $28'000.000 restante eran crédito del banco por el cual le tocaba pagar cuotas de $357.000, esta vez se demoró 3 meses en vender el apartamento por lo que le tocó pagar $1'071.000 de su bolsillo ya que en este tiempo no pudo alquilar el apartamento el cual, por cierto vendió en $48'000.000 y que dejaron al final un balance en su cuenta de inversión de $20'000.000 los cuales representaría el 30% de su nuevo negocio.

Así pues continuó Marco realizando sus acostumbradas compras y ventas de propiedades. El segundo negocio del año fue otro apartamento esta vez comprado en $65'000.000 el cual vendió en $75'000.000 y le dejó $10'000.000 de ganancias, dejando su cuenta de inversión en $30'000.000 para su tercer negocio esta vez sería un salto grandísimo Marco compró un apartamento en $100'000.000 una cifra irreal para este chico que hacía apenas 4 años no tenía nada sino una deuda de más de $500.000 todo había cambiado en su cabeza y en su vida aunque aún vivía en el mismo barrio con su madre y aún viajaba en transmilenio a diario hacia el restaurante de doña Nelcy él sabía que su libertad financiera estaba a la vuelta de la esquina, no tendría que seguir viendo a su madre trabajar tan duro, no tendría que viajar tanto tiempo en transmilenio, podría pasar mucho más tiempo con su esposa. Y aunque aún trabajada con doña Nelcy por un salario mínimo sabía que el mismo ya no era la fuente principal de su sustento, pero también sabía que ese trabajo y esa señora le habían ayudado a cambiar su vida.

Ese apartamento que compró en $100'000.000 después de algunos meses lo vendió en $120'000.000 por lo que su capital de trabajo había pasado de $ 13.243.072 a $50'000.000 durante este 4 año. Esta vez las cuentas del 4 año de Marco fueron mucho más cortas pero mucho más voluminosas.

Nombre	Plata
Natillera	$ 3.383.010,00
Capital de trabajo	$ 50.000.000,00
Total	**$ 53.383.010,00**

9 Cuentas Marco cuarto año

Quinto año capital de trabajo aumentado.

Marco como de costumbre se dispuso a dar lo mejor para su familia en el mes de diciembre y para esto uso todo lo que había ganado en la natillera esta vez sería un tour al interior del país por el eje cafetero y a Medellín, su esposa y su mamá estaban nuevamente felices y orgullosas de ver hasta donde habían llegado gracias a Marco quien aprovechó este momento de júbilo para darles la noticia que su madre no tendría que seguir trabajando si ya no lo quería ya que marco se encargaría de todos los gastos del hogar. También les dijo que él también se retiraría de trabajar que tenía un plan en mente para continuar invirtiendo en sus negocios sin tener que estar todo el día alejado de su familia. Para cumplir su plan debería hacer algunos cambios en sus gastos de los cuales se encargaría durante el mes de enero como ya era costumbre cuando realizara su revisión de gastos de enero. Aunque contentas ambas estaban preocupadas por la noticia, si nadie trabajaría en la casa ¿De qué vivirían? ¿Se había vuelto loco Marco? Y aun siendo tan grande su preocupación, su amor y confianza en Marco era aún mayor por lo tanto decidieron darle un fuerte abrazo dándoles su apoyo.

Ya entrado el mes de enero, Marco se dispuso a realizar su tabla de gastos mensuales la cual quedó de la siguiente manera.

Nombre	Plata
Gastos del hogar	$ 300.000,00
Mercado	$ 400.000,00
Combustible	$ 120.000,00
Ocio	$ 300.000,00
Natillera	$ 400.000,00
Total	**$ 1.520.000,00**

10 Gastos Marco 5 año

Y así los gastos de Marco habían cambiado radicalmente destinaba $1'000.000 para los gastos de su familia y su hogar, adicionalmente ya tendría dos ahorros en la natillera de doña Nelcy que aunque ya no sería su jefe siempre seguiría siendo su mentora y su mejor amiga por todo lo que lo había ayudado a avanzar. Ya no aparecían las comidas fuera de casa ni los pasajes de transmilenio aparecía un gasto de combustible, pues Marco había decidido que para gestionar su negocio de compra y venta de apartamentos y casas debía disponer de un medio para desplazarse más efectivamente y había decidido compra un vehículo un Mazda 323 modelo 1996 el cual estaba en excelente estado y le había costado $8'000.000 esta compra, más el cuadro de gastos de $1'520.000 que al año sumaba $ 18.240.000 representarían que de los $50'000.000 que tenía Marco en su poder, $ 26.240.000 ya estaban comprometidos por lo tanto le quedarían $ 23.760.000 para invertir es decir estaba en igual situación que el año pasado tocaba volver a las inversiones en propiedades entre los 60 y 65 millones para posteriormente venderlas entre 70 y 75 millones.

Y así lo hizo, Marco realizó su primer negocio para mediados de febrero obteniendo una ganancia de $10'000.000 nuevamente contaba con 30 millones para invertir y volvió a comprar su segundo apartamento de $100'000.000 el cual vendió en $115'000.000 con lo que ahora contaba con $45'000.000 para invertir en el mes de julio compro y vendió su tercer negocio del año un apartamento que compró en $150'000,000 y lo vendió finalmente en $180'000.000 esto lo dejaba ya con 75 millones como capital de trabajo en menos de 5 años el joven Marco ahora de 25 años había pasado a tener un capital 100 veces lo que había sido su primer sueldo hace tan solo 5 años. Entusiasmado por su crecimiento, marco nuevamente invirtió esta vez en un apartamento de $230'000.000 en el cual el dio una cuota inicial de $69'000.000 y lo demás lo dio el banco como ya era costumbre esta vez las cuotas alcanzaban un valor de $ 2.055.573 un valor que si bien Marco consideraba muy alto pensaba que tan pronto se alquilara o vendiera el apartamento repondría su dinero al banco como ya era costumbre y no habría pasado nada. Esta vez la situación fue muy distinta, el apartamento debido a su valor no tenía tantos clientes potenciales y Marco tardó 5 meses en venderlo. El dinero que Marco tenía ahorrado lo había gastado ya todo en pagar las cuotas del banco y ante las insistentes amenazas del mismo por quitarle la propiedad como pago y a riesgo de que Marco lo perdiera todo le tocó vender su carro para poder cubrir las últimas cuotas. Por fin en diciembre cuando el apartamento se pudo vender y no por los $280'000.000 solicitados por Marco sino por $250'000.000 ofrecidos por el comprador Marco pudo descansar en teoría la venta había dejado $30'000,000 pero Marco había pasado los peores 3 meses de su vida al ver como todo lo que había conseguido estaba en riesgo y alcanzó incluso a perder su vehículo. Después de recoger sus ganancias, Marco aprendió dos lecciones muy importantes, la primera es nunca colocar todo tu dinero en un solo negocio y la segunda es que el banco nunca será su amigo. Le servirá siempre y cuando uno cumpla con las obligaciones pero también lo atormentará cuando esto no sea posible. Sin importar si quiera cual haya sido la relación previa entre los dos.

Ya había llegado diciembre del quinto año hora nuevamente de hacer las cuentas y volver a ver a doña Nelcy en la repartición de la natillera. Este año las cuentas estaban así y la familia había decidido salir del país por primera vez unas vacaciones de 8 días en Miami las cuales fueron financiadas con el dinero de las dos cuentas de la natillera que habían sacado a principio de año.

Nombre	Plata
Natillera	$ 6.766.020,00
Capital de trabajo	$ 105.000.000,00
Total	**$ 111.766.020,00**

11 Cuentas Marco quinto año

Sexto año, la libertad financiera.

Iniciaba el sexto año y con él la tradición de realizar la tabla de gastos de Marco. Destinaría la misma cantidad de dinero a los gastos de su hogar que en el año anterior.

Nombre	Plata
Gastos del hogar	$ 300.000,00
Mercado	$ 400.000,00
Combustible	$ 120.000,00
Ocio	$ 300.000,00
Natillera	$ 400.000,00
Total	$ 1.520.000,00

12 Gastos Marco año 6

Es decir en total debería separar $ 18.240.000 para la manutención de su hogar adicionalmente nuevamente se compraría un carro ya que el anterior lo había vendido para cubrir los cuotas del banco esta vez eligió un Volkswagen gol del año 2005 el cual compró por 11 millones de pesos es decir que en total para hacer negocios durante este año tendría $75'000.000 con estos el plan era realizar al menos 5 negocios en el año y que cada uno le dejara $15'000.000 de utilidad. Así lo hizo marco solo que esta vez algo había cambiado.

Marco no usaba más la ayuda de los bancos ya que descubrió que era un juego peligroso y adictivo el año anterior le había tocado vender su primer vehículo para poder cubrir las cuotas de su negocio.

Así, continuó pues Marco durante algunos años más comprando y vendiendo propiedades hasta que alcanzó un capital de trabajo lo suficiente mente alto como para comprar su nuevo hogar sin tener que deberle nada a los bancos, adicionalmente empezó a comprar propiedades para alquiler las cuales le generaban un ingreso fijo mensual de $3'000.000 con el cual cubría todos los gastos de su hogar es decir había alcanzado su libertad financiera, ya no era necesario que Marco trabajara para tener todo lo que necesitaban en la vida. Su familia estaba cubierta, contaban con hogar propio, con medio de transporte y lo más importante tiempo para compartir.

Epilogo.

Con las lecciones aprendidas en estos seis años la vida de Marco nunca más fue a volver a ser la misma. Aprendió que el camino al éxito financiero es largo a veces complicado, llevo de sacrificios y mucha disciplina. Aprendió que las bases siempre son el trabajo, el ahorro y la inversión, aprendió que si bien la deuda puede ser buena para apalancarse nunca se debe abusar de ella. Porque así como ha ayudado a formar grandes fortunas, también ha llevado demasiada gente a la quiebra. Aprendió que lo primero que se debe hacer es un análisis de gastos futuros y hacer cuentas de los avances anuales. Aprendió que si bien es importante la diversión esta debe ser medida y los gastos deben estar cubiertos. Y aprendió que si se puede llegar a ser rico iniciando con un salario mínimo.

Marco, también aprendió que las recompensas pueden esperar, no deben ser inmediatas. Marco no compró su propia casa hasta que no dispuso de la libertad económica para comprar la misma sin tener que recurrir a endeudarse. Adicionalmente no llegó a comprar un automóvil último modelo ya que este se devalúa y tampoco era viable adquirir la deuda, el auto que compró era un activo que le ayudaba a hacer sus negocios mucho más fácil.

Ser rico iniciando con un salario mínimo no es una tarea imposible, como lo demostró Marco, solo es importante tener una clara visión de hacia donde se quiere llegar y tener una buena hoja de ruta. Y eso último es lo que pretende ser este libro, una hoja de ruta para que todos quienes lo lean vean cual es el camino para llegar a ser rico y alcanzar la libertad financiera.